Anonymous

Akademische Gesetze

Für die Großh. Bad. Hohen Schulen zu Heidelberg und Freiburg

Anonymous

Akademische Gesetze

Für die Großh. Bad. Hohen Schulen zu Heidelberg und Freiburg

ISBN/EAN: 9783743447035

Hergestellt in Europa, USA, Kanada, Australien, Japan

Cover: Foto ©Suzi / pixelio.de

Weitere Bücher finden Sie auf **www.hansebooks.com**

Academische Gesetze

für die

Großh. Bad. hohen Schulen

zu

Heidelberg und Freiburg.

Heidelberg.
Buchdruckerei von Georg Mohr.
1861.

Leopold von Gottes Gnaden, Großherzog von Baden, Herzog von Zähringen.

Da der Abdruck der für beide Landes-Univerſitäten gegebenen acädemiſchen Geſetze vergriffen iſt, dieſe Geſetze auch ſeit der unterm 14. Mai 1829 erfolgten Erneuerung durch einzelne Verordnungen Zuſätze und Abänderungen erhalten haben und überdies in Gemäßheit des Bundesbeſchluſſes vom 13. November 1834 einer Reviſion beburften, ſo wurde Uns von Unſerem Miniſterium des Innern, ein abgeänderter Entwurf derſelben vorgelegt.

Nachdem Wir ſolchen erwogen haben, verordnen Wir wie folgt:

I. Titel.

Von der Erwerbung und von dem Verluſte des academiſchen Bürgerrechts.

§. 1.

Das academiſche Bürgerrecht wird durch die Immatriculation erworben.

§. 2.

Für die Immatriculation beſteht eine eigene Behörde, welche aus dem Curator der Univerſität oder deſſen Stellvertreter, dem Prorector, und dem Univerſitäts-Amtmann zuſammengeſetzt iſt.

§. 3.

Alle ankommenden Studirenden ſind verbunden, innerhalb zwei Tagen nach ihrer Ankunft ſich zum Zwecke der Immatriculation bei dem Univerſitätsamte anzumelden.

§. 4.

Zur Vornahme der Immatriculation werden besondere Tagfahrten bestimmt, und die Studirenden hiervon durch Anschlag am schwarzen Brett in Kenntniß gesetzt. Dieser Anschlag eröffnet zugleich den wesentlichen Inhalt der von den Studirenden zur Erlangung der Immatriculation zu beobachtenden Vorschriften.

§. 5.

Acht Tage nach dem vorschriftmäßigen Beginne der Vorlesungen darf in der Regel ohne Genehmigung des Ministeriums des Innern keine Immatriculirung vorgenommen werden.

§. 6.

Diese Genehmigung wird insbesondere alsdann erfolgen, wenn ein Studirender die Verzögerung seiner verspäteten Anmeldung durch Nachweisung giltiger Verhinderungsgründe zu entschuldigen vermag oder der Studirende aus keinem deutschen Bundesstaate ist.

Bis zum Erscheinen einer allgemeinen Norm, wodurch für alle deutsche Universitäten der Anfang und der Schluß der Vorlesungen für jedes der beiden Semester auf mehr übereinstimmende Weise festgesetzt wird, ist die Immatriculationsbehörde unter der so eben bezeichneten Voraussetzung ermächtigt, die Immatriculation bis 14 Tage nach dem Anfange der Vorlesungen ohne vorgängige Anfrage bei dem Ministerium des Innern zu bewilligen.

§. 7.

Der Studirende hat der Immatriculationsbehörde vorzulegen:

1) wenn er das academische Studium beginnt, — ein Zeugniß seiner wissenschaftlichen Vorbereitung zu demselben, und seines sittlichen Betragens, wie solches durch die Gesetze des Landes, dem er angehört, vorgeschrieben ist;

2) wenn der Studirende von einer andern Universität kommt, auch von jeder früher besuchten — ein Zeugniß des Fleißes und sittlichen Betragens;

3) wenn er die academischen Studien eine Zeit lang unterbrochen hat — überdies eine von der Obrigkeit des Ortes, wo

er sich im letzten Jahre längere Zeit aufgehalten hat, über sein Betragen ausgestelltes Zeugniß, in welchem zugleich bemerkt ist, daß von ihm eine öffentliche Lehranstalt nicht besucht worden sei;

4) wenn er noch einer väterlichen oder vormundschaftlichen Gewalt unterworfen ist — jedenfalls ein obrigkeitlich beglaubigtes Zeugniß der Eltern oder derer, welche ihre Stelle vertreten, darüber, daß er von ihnen auf die Universität, wo er aufgenommen zu werden verlangt, gesandt sei.

§. 8.

1) Jeder Inländer, der sich ein Recht zur Staatsprüfung und zu den Mitteln der praktischen Befähigung zum Staatsdienste erwerben will, hat sich durch ein den Studiengesetzen, namentlich dem Gesetze vom 23. Mai 1822, Rgg. Bltt. No. X, und der Vollzugsverordnung vom 13. Mai 1823, Rgg. Bltt. No. XIII, entsprechendes Zeugniß über die zum Bezug der Universität erhaltene Erlaubniß auszuweisen, er mag seine Studien auf der inländischen Universität beginnen oder von einer zuerst besuchten auswärtigen Universität kommen.

Die in dem Erlaubnißscheine etwa enthaltenen, auf seine Studien und die Ordnung derselben bezüglichen besonderen Anweisungen der Studienbehörde sind der ausgefertigten Matrikel in einer Zusatzurkunde wörtlich beizufügen.

2) Inländer, welche mit diesen Zeugnissen sich nicht ausweisen, dessen ungeachtet aber die Immatriculation verlangen, indem sie erklären, daß sie keine Ansprüche auf Staatsdienste machen und nur zum Zwecke ihrer intellectuellen Bildung sich den Studien widmen wollen, können zwar immatriculirt werden, sie sind aber vorher von der academischen Behörde über die gesetzlichen Folgen ihres Schrittes besonders zu belehren und haben ein über ihre Belehrung (nach dem unter Ziffer 1 beigefügten Formular) aufzunehmendes Protocoll zu unterschreiben.

Eine Abschrift dieses Protocolls ist mit der Formel einer Bescheinigungsurkunde zu versehen und dem Studirenden mit der Weisung zuzustellen, innerhalb 14 Tagen die amtlich beglaubigte Unterschrift seiner Eltern oder Vormünder beizubringen. Wird diese Urkunde mit der verlangten Unterschrift und Beglaubigung nicht innerhalb vier Wochen, vom Tage der Protocollaufnahme an gerechnet, dem Universitätsamte vorgelegt, so darf die Immatriculirung nicht geschehen und ist der Angekommene von der Universität wegzuweisen.

Von jeder solchen Studirenden nach Erfüllung dieser Bedingung bewilligten Immatriculation ist dem Ministerium des Innern Nachricht zu geben.

§. 9.

Pässe und Privatzeugnisse können die Stelle der in §. 7 vorgeschriebenen Urkunden nicht vertreten, eine Nachsicht hierin kann nur bei jenen Studirenden stattfinden, welche aus Orten außerhalb Deutschlands kommen.

§. 10.

Alle im §. 7 bezeichneten Zeugnisse sind von der Immatriculationsbehörde nebst dem Passe des Studirenden bis zu seinem Abgange aufzubewahren.

§. 11.

Kann ein Studirender in der Tagfahrt der Immatriculation die erforderlichen Zeugnisse nicht vorlegen, verspricht er jedoch deren Nachlieferung, so kann er nach dem Ermessen der Immatriculations-Behörde vorerst ohne Immatriculation auf die academischen Gesetze verpflichtet und zum Besuche der Collegien zugelassen werden.

§. 12.

Dem Studirenden ist im Falle des vorhergehenden § ein angemessener Termin zur Nachlieferung seiner Zeugnisse zu setzen, während zu gleicher Zeit die Immatriculationsbehörde nach den Umständen bei der geeigneten Behörde Erkundigungen einzieht.

§. 13.

Ist der angesetzte Termin, der aus erheblichen Gründen verlängert werden kann, fruchtlos umlaufen, oder erfolgt längstens binnen 4 Wochen, vom Tage des Abgangs des Erkundigungsschreibens an gerechnet, keine Antwort, so ist die Immatriculation zu verweigern, und der Angekommene hat, insofern ihm nicht aus besonders rücksichtswürdigen Gründen der Besuch der Collegien ohne Immatriculation mit Genehmigung des Ministeriums des Innern noch auf eine bestimmte Zeit gestattet wird, die Universitätsstadt sofort zu verlassen; es bleibt ihm jedoch unbenommen, sich später, wenn er mit den erforderlichen Zeugnissen versehen ist, wieder zu melden.

§. 14.

Die Immatriculation ist jedem Ankommenden zu verweigern, gegen den ein bringender Verdacht sich ergibt, daß er einer verbotenen Verbindung angehört, und der sich von demselben auf eine befridigende Weise nicht zu reinigen vermag. Nach den Umständen kommen in solchem Falle die Bestimmungen des §. 11—13 in Anwendung.

§. 15.

Ein von einer anderen Universität mittelst des Consilii abeundi Weggewiesener kann nur mit Genehmigung des Ministeriums des Innern und mit Einwilligung der Regierung jener Universität, die seine Wegweisung verfügt hat, oder auf ein von dieser Regierung hierüber ausgestelltes Zeugniß aufgenommen werden.

Ein von einer andern Universität Relegirter kann nur aufgenommen werden, wenn er überdies ein Zeugniß seiner Landesregierung beibringt, wonach dieselbe zu seiner Immatriculation ihre Einwilligung ertheilt.

§. 16.

Gleich den von einer andern Universität mittelst des Consilii abeundi oder der Relegation verwiesenen kann einem mit sonstigen nachtheiligen Zeugnissen versehenen Studirenden nach Befund der Umstände die Immatriculirung ohne weiteres verweigert, oder ihm dieselbe nur unter der Bedingung der Unterschrift des Consilii abeundi verwilligt werden. Insbesondere sollen diejenigen, welche als frühere academische Bürger der Universität mit dem Consilio abeundi oder der Relegation bestraft, aber, weil sie ihr Heimathsrecht in der Universitätsstadt hatten, daselbst geduldet worden sind, auch nach Ablauf der Strafzeit nur dann wieder aufgenommen werden, wenn sie sich in der Zwischenzeit untadelhaft aufgeführt haben und hierüber von dem Stadtamt, sowie von dem Universitätsamte nach Vernehmung des academischen Polizeipersonals günstige Zeugnisse ertheilt werden.

§. 17.

Die bedingt zu dem Besuche der Vorlesungen zugelassenen Studirenden (§. 11) stehen bis zur Erledigung der Immatriculationsfrage unter academischer Gerichtsbarkeit.

Auch während des Schwebens dieser Frage kann die Verweigerung der Immatriculation ausgesprochen werden, wenn dieselben durch ihr Betragen dazu Veranlassung geben.

§. 18.

Jeder Studirende hat vor der Immatriculation, nachdem ihm die academischen Gesetze zugestellt worden, den Revers zu unterzeichnen, dessen Formel die Beilage Ziffer 2 enthält.

Wer diese Unterschrift verweigert, ist sofort und ohne alle Nachsicht von der Universität zu verweisen.

Dem Studirenden wird eine Annahmsurkunde zugestellt, nachdem er mittelst Handschlag das Versprechen geleistet hat, sich den academischen Gesetzen gemäß zu benehmen.

§. 19.

Beim Anfange jedes Cursus haben sich bei der Immatriculationsbehörde sämmtliche früher immatriculirte nicht abgegangene Studirende wieder anzumelden und sich über den inzwischen gemachten Aufenthalt auszuweisen.

§. 20.

Das academische Bürgerrecht gibt Ansprüche auf die academische Gerichtsbarkeit, auf den Schutz der academischen Gesetze, sowie auf das Recht, die gelehrten Anstalten und die Bibliothek auf die vorgeschriebene Art zu benutzen.

Niemand, der nicht immatriculirt ist, darf öffentliche Vorlesungen ständig besuchen, und die Immatriculationsbehörde hat hierauf von Amtswegen zu achten, ausgenommen sind Hofmeister, Gesellschafter und Begleiter von Studirenden. Auch Personen von reiferem Alter des In- und Auslandes kann der Besuch von Vorlesungen gestattet werden.

§. 21.

Das academische Bürgerrecht hört auf:

1) durch den bloßen Ablauf von 5 Jahren von der letzten Immatriculation an gerechnet;

2) durch eine vom Studirenden beim Universitätsamt geschehene oder gegen ihn ausgesprochene Aufkündigung des academischen Bürgerrechts;

3) durch die erfolgte Abgabe des verlangten Abgangs-Zeugnisses;

4) durch Verurtheilung zu einer peinlichen, so wie zu einer jeden andern Strafe, welche die Abweisung von der Universität mit sich bringt;

5) durch die Unterlassung der im §. 19 vorgeschriebenen Wiederanmeldung, wenn dieselbe von einer binnen 30 Tagen nach Eröffnung des Lehrhalbjahrs nicht erfolgten Belegung von Vorlesungen begleitet ist.

§. 22.

Gegen die unter Ziffer 5 des vorhergehenden § erwähnte Erlöschung des academischen Bürgerrechts findet nach Umständen Wiedereinsetzung statt, welche der Studirende bei der Immatriculationsbehörde zu begründen hat.

§. 23.

Wird einem Studirenden die Immatriculation verweigert oder das academische Bürgerrecht aufgekündigt, oder kündigt ein Studirender das academische Bürgerrecht ohne gerechte Ursache auf, so kann dessen alsbaldige Ausweisung aus der Stadt verlangt werden.

II. Titel.

Von den Verhältnissen der Academiker gegen die Vorsteher, die Professoren und die Unterbedienten der Academie.

§. 24.

Die Aufsicht und die Gerichtsbarkeit über die Studirenden wird von dem academischen Senat, von dem Prorector und von dem Universitätsamte nach den in diesen Gesetzen enthaltenen näheren Bestimmungen ausgeübt, indessen das Ephorat nur in dem Wirkungskreise väterlicher, wohlmeinender Ermahnung seine Aufsicht hauptsächlich auf das sittliche Betragen der Studirenden richtet.

§. 25.

Das Universitätsamt hat die Gerichtsbarkeit in erster Instanz in allen bürgerlichen Rechtssachen der Studirenden. Die Berufung geht in den dazu geeigneten Fällen an das Hofgericht, in dessen Bezirk die hohe Schule gelegen ist.

In Criminalsachen hat das Universitätsamt gleiche Gewalt über die Studirenden, wie die Bezirksämter in ihren Amtsbezirken; es instruirt somit in den betreffenden Fällen den Proceß und sendet die Acten zur Entscheidung an das Hofgericht des Bezirks.

In Disciplinarsachen, wozu auch jene Polizeisachen gehören, worüber gegenwärtige Statuten besondere Bestimmungen ertheilen, führt das Amt jedenfalls die Untersuchung und erkennt alle academischen Strafen, mit Ausnahme des Consilii abeundi und der Relegation.

Die Berufung von den Erkenntnissen des Amtes in Disciplinarsachen geht an den Senat.

Das Consilium abeundi und die Relegation werden von dem Senate auf den Vortrag des Amtmanns erkannt, welcher in solchen Fällen dem Senate mit entscheidender Stimme beisitzt.

Die Berufung von den Erkenntnissen des Senats geht an das Ministerium des Innern.

In allen Sachen, welche nicht zu den academischen Disciplinarsachen gehören, geht der Recurs von den Erkenntnissen des Universitätsamts an die betreffenden Großherzoglichen Behörden, zu welchen dasselbe in allgemeinen Polizeisachen, so wie in Civil- und Criminalsachen in demselben Verhältnisse steht wie die Bezirksämter.

Alle Mittheilungen und Meldungen in Polizei-, Justiz- und Disciplinarsachen geschehen an den Universitätsamtmann.

§. 26.

Jeder academische Bürger ist verbunden, auf die Vorladung der §. 24 gedachten Stellen zu der bestimmten Zeit ohne Ausnahme zu erscheinen, wenn ihm auch gleich die Ursache der Vorladung nicht bekannt gemacht wird; ebenso muß derselbe die Verfügungen dieser Stellen genau befolgen und ihnen mit der gehörigen Verehrung begegnen.

In dringenden Fällen kann auch jeder Oberpedell ohne Auftrag einen Academiker vorladen oder arretiren, muß aber dem academischen Amtmann sogleich die Anzeige davon machen.

§. 27.

Beleidigungen gegen Personen, welche bei der Universität angestellt sind, oder gegen derselben angehörige Personen, sind besonders streng zu bestrafen; werden sie aus Rache ausgeübt, so wird die Strafe geschärft und kann unter Umständen selbst peinlich werden.

Das Fenstereinwerfen im Hause des Prorectors und des Universitätsamtmannes wird an den Anführern mit geschärfter Relegation, an den thätigen Theilnehmern mit einfacher Relegation; im Hause eines andern Lehrers an den Anführern mit einfacher Relegation, an den thätigen Theilnehmern mit dem Consilio abeundi; in beiden Fällen aber an den übrigen anwesend gewesenen nach Erfund der Umstände bestraft.

§. 28.

Beleidigungen und Widersetzlichkeit gegen Unterbediente der Universität bei ihren Amtsverrichtungen, besonders bei Ladungen, Insinuationen, Executionen und Arretirungen werden ernstlichst und nach Befund mit Verweisung von der Universität und selbst mit Festungsstrafe geahndet.

§. 29.

Beschwerden, welche ein Studirender gegen eine academische Behörde — oder eine bei der hohen Schule angestellte Person zu haben glaubt, sind, wenn sie die Unterbedienten der hohen Schule betreffen, bei dem academischen Amtmann, wenn Vorsteher oder Lehrer, bei dem academischen Senat, wenn den Prorector oder den academischen Senat, bei dem Curatorio der Universität geziemend anzubringen, welches jene zu vernehmen und sodann die Sache mit Bericht Unserm Ministerium des Innern vorzulegen hat.

III. Titel.

Von den Verhältnissen der Academiker gegen andere Dienstbehörden.

§. 30.

Die Academiker sind gleich jedem Staatsbürger den Polizei-, Civil- und Criminalgesetzen des Großherzogthums unterworfen und werden auch, insoweit dieses Gesetz nicht eine Ausnahme davon macht, nach denselben beurtheilt.

Sie haben auch alle Brücken-, Sperr-, Weg- und Pflastergelder ebenso wie andere Einwohner zu entrichten.

Wegen allen Vergehungen, welche sich Studirende außerhalb des Bezirks des Oberamts Heidelberg, resp. des Stadt- und Landamts Freiburg, aber innerhalb des Großherzogthums zu Schulden kommen lassen sind sie der gewöhnlichen Behörde des Begehungsorts unterworfen.

Wenn indessen das Vergehen ein academisches Disciplinarvergehen ist, so hat die genannte Behörde, nachdem sie die zur Constatirung des Vergehens erforderliche Untersuchung gepflogen, den Studirenden, bei Besorgniß der Flucht auch unter Begleitung, nebst den geführten Acten dem Universitätsamte zu überliefern.

Bei Vergehen, welche sich zum hofgerichtlichen Erkenntniß eignen, liegt ihr die gewöhnliche Untersuchung und sodann die Einsendung an das betreffende Hofgericht ob.

§. 31.

Den zur Vollziehung der Gesetze und insbesondere zur Handhabung der öffentlichen Sicherheit in= und außerhalb der Universitätsstadt aufgestellten Militär= und andern Personen ohne Ausnahme sind die Academiker Achtung schuldig, und jede gegen dergleichen Personen geäußerte Widersetzlichkeit wird scharf bestraft werden.

Dasselbe tritt ferner ein, wenn Academiker in vorkommenden Fällen auf Befragen dieser Person ihre Namen unrichtig angeben, oder wenn sie einer unter öffentlicher Auctorität vorgenommenen Vollziehung irgend eine Art Hinderniß in den Weg legen.

§. 32.

Militär= sowohl, als städtische Polizeiwachen und Polizeidiener können einen Academiker wegen die öffentliche Ruhe und Sicherheit oder die einzelnen Einwohner störender Excesse, so wie wegen peinlicher Vergehen, insofern er auf frischer That getroffen wird, verhaften und hat daher unweigerlich Folge zu leisten. Doch kann er, wenn er an dem Universitätsorte selbst durch städtisches Polizeipersonale verhaftet ist, begehren, daß er sogleich und ohne vorläufige Abführung nach einem städtischen Gefängniß an die academische Polizei abgeliefert werde. Geschieht die Verhaftung durch Militär, so hat der Wachcommandant, daß das Universitätsamt unverweilt davon benachrichtiget wird, und dieses läßt sodann den Verhafteten durch einen Pedellen nach dem Carcer abführen und über die gehörige Untersuchung ein.

Wer sich dem Militär- oder sonstigen Polizeipersonale bei der Verhaftnehmung widersetzt, oder als dritte Studirende, der dem Angehaltenen bei der Befreiung Hand leistet, ist in der Regel mit dem Consilio abeundi und, je nach den Umständen, mit den verschiedenen Graden der Relegation zu bestrafen.

IV. Titel.

Von den Pflichten der Academiker in Ansehung ihrer Studien.

§. 33.

Jedem Inländer ist es erlaubt, seine Studien auf einer ausländischen hohen Schule fortzusetzen, oder auch gleich Anfangs eine solche zu besuchen, nur die Rechtscandidaten sind verbunden auf einer Landesuniversität ein Collegium über das neue Badische Landrecht zu hören.

§. 34.

Die Collegiengelder sind durch Vorausbezahlung an den dazu bestellten Quästor zu entrichten; die Quästur ist gegen Säumige zur Klage ermächtigt, ohne eines weiteren Auftrags zu bedürfen.

§. 35.

Inländer sind von der Entrichtung der Collegiengelder dann befreit, wenn dieselben eine nach der hierüber bestehenden Verordnung ausgestellte Befreiungsurkunde vorlegen können. Die hierdurch erlangte Befreiung ist jedoch widerruflich und von dem am Schlusse jedes Semesters beizubringenden Würdigkeitszeugniß von der betreffenden Facultät bedingt. Der Widerruf wird von dem academischen Senate beschlossen:

1) wenn dem Studirenden das Zeugniß des Fleißes und einer guten Aufführung versagt worden ist, oder

2) wenn derselbe durch seinen Aufwand zu erkennen giebt, daß es ihm an den Mitteln zur Bezahlung der Honorare bei eingeschränkter Lebensweise nicht fehle, oder

3) wenn er leichtsinniger Weise Schulden contrahirt.

§. 36.

Beim Abgange von der Hochschule wird dem Studirenden ein öffentliches von dem Prorector und dem Universitätsamtmann gemeinschaftlich unterzeichnetes Abgangszeugniß ausgestellt, welches zu enthalten hat: die Zeit der Immatriculation, die Dauer des Aufenthalts, den Besuch der Vorlesungen, die Beurkundung der Aufführung, die etwa erkannten Strafen; dasselbe erwähnt ausdrücklich, ob der Studirende an einer verbotenen Verbindung Antheil genommen habe oder nicht, oder ob und aus welchen Gründen er etwa der Theilnahme an verbotenen Verbindungen verdächtig geworden sei.

Zur Beurkundung der Vorlesungen haben sich die Studirenden von den einzelnen Lehrern über den Besuch und den Fleiß ihrer Vorlesungen Zeugnisse zu erbitten, die ihrem Inhalte nach in das Abgangszeugniß aufgenommen werden.

Die Ausfertigung dieser Zeugnisse geschieht durch das Universitätsamt, welches auf Verlangen auch blos Sittenzeugnisse ausstellt, welche mit Ausnahme der Studien die vorhin erwähnten Verhältnisse enthalten. In der Regel sollen diese Zeugnisse nicht früher als zehn Tage vor dem Schlusse der Vorlesungen ausgestellt werden.

Inländer können zur Staatsprüfung ohne das erwähnte Abgangszeugniß nicht zugelassen werden, welches vom Prorector unmittelbar an die examinirende Behörde eingesendet wird.

§. 37.

Unter der Aufsicht der Ephorate stehen ohne Unterschied sowohl Inländer als Ausländer.

Jedes Ephorat wird die unter seiner Aufsicht stehenden Studirenden, welche ihm Veranlassung hierzu geben, vorladen, um sie zum Fleiß und zu einem ihrem Beruf angemessenen Lebenswandel zu ermahnen, auch nach Umständen einer mündlichen Prüfung über ihre bisherigen Fortschritte unterwerfen, und, wo es ihm dienlich scheint, den Eltern oder Vormündern derselben die geeignete Mittheilung machen.

V. Titel.

Von den besonderen Disciplinar-, Polizei- und peinlichen Gesetzen für die Academiker.

§. 38.

Verletzungen der an dem schwarzen Brett angehefteten obrigkeitlichen Verordnungen und sonstiger von Beamten oder Lehrern der Universität erlassener Anschläge, auch unanständiger Tadel derselben soll ernstlichst und nach Umständen mit dem Consilio abeundi und höhern Strafen geahndet werden.

§. 39.

Störung des Gottesdienstes und gottesdienstlicher Ceremonien, welche Religion es auch betreffe, und auf welche Art es geschehen mag, wird ernstlich, nach Befinden mit dem Consilio abeundi und selbst mit Relegation bestraft. Während des Vormittägigen Gottesdienstes ist das Besuchen der Kaffee-, Bier-, Wirths- und Billardhäuser ebenso wie das Schlittenfahren verboten.

§. 40.

Alle Hazardspiele, wie sie auch heißen, sind den Academikern in und außer der Stadt verboten, und wird die Uebertretung das erstemal mit dreitägiger, das zweitemal mit sechstägiger Carcerstrafe, und das drittemal mit dem Consilio abeundi belegt.

Die Bankhalter und diejenigen, welche das Spiel auf ihrem Zimmer gestatten, werden das erstemal mit sechstägiger, das zweitemal mit zwölftägiger Carcerstrafe und das drittemal mit einfacher Relegation belegt. Das aufliegend vorgefundene Geld wird weggenommen, und zu ein Drittel dem Entdecker oder Anzeiger, und zu zwei Drittel dem Universitätsbibliothekfond zugesprochen.

§. 41.

Wörtliche und thätliche Beleidigungen, welche von Studirenden gegen andere Personen verübt werden, sind sowohl in

Ansehung der Bestrafung, als der Privatgenugthuung nach den bestehenden allgemeinen Gesetzen zu behandeln, und gelten somit eben so wenig wie Preßvergehen als Disciplinargegenstände.

Doch wird die Strafe geschärft, wenn die Beleidigung Reisende, den eigenen Hauswirth des Beleidigers oder dessen Aufwärter betroffen, oder wenn sie überhaupt an irgend einem öffentlichen Orte stattgefunden hat.

§. 42.

Realinjurien zwischen Studenten werden, welche mildernde Umstände dabei auch eintreten möchten, jedesmal mit dem Consilio abeundi, und nach Befinden mit Relegation bestraft.

Verbalinjurien zwischen Studirenden sind nach Ermessen mit Carcer bis zum Consilio abeundi zu bestrafen.

§. 43.

Wer gegen eine Universität, ein Institut, eine Behörde oder einen academischen Lehrer eine Verrufserklärung unternimmt, wird mit der Relegation bestraft, und keiner, der wegen einer solchen Verrufserklärung auf einer andern inländischen oder auswärtigen Universität gestraft worden ist, kann als academischer Bürger aufgenommen werden. Wer die Ausführung des Verrufs vorsätzlich befördert, wird nach Umständen mit dem Consilio abeundi bis zur Relegation bestraft. Gleiche Strafe wie Beförderer des Verrufs trifft diejenigen Studirenden, welche Verrufe gegen Privatpersonen ausgesprochen oder befördert haben; alles vorbehaltlich der Klage auf Schadenersatz oder wegen Ehrenkränkung, wenn dieselben Statt haben.

Dieselbe Strafe trifft diejenigen, welche die Vorlesungen einzelner oder aller Lehrer für geschlossen erklären.

§. 44.

Duelle werden nach folgenden Bestimmungen bestraft:

1) Wenn Jemand in dem Duell umgekommen, oder tödtlich, oder doch so verwundet worden ist, daß dadurch derselbe in irgend einem Grad von Lebensgefahr sich befindet oder ihm irgend ein bleibender Nachtheil, sei es durch Verstümmelung, sei es durch innerliche Verletzung dadurch erwächst, oder wenn auf Pistolen oder auf den Stich oder mit krummen Säbeln

duellirt worden, und selbst wenn das Duell auf Pistolen, oder auf den Stich, oder mit krummen Säbeln auch nicht vollzogen, sondern nur intendirt worden, so wird die Sache nicht mehr als ein **Disciplinargegenstand** angesehen, sondern **peinlich** behandelt und von dem Universitätsamte gegen den Thäter und alle Theilnehmer die Untersuchung vorgenommen; sodann werden die geschlossenen Acten an das einschlägige Hofgericht zur Entscheidung übergeben.

2) Hat das Duell auf den Hieb ohne krumme Säbel die vorbenannten Folgen nicht gehabt, so soll, ohne daß das Verhältniß des Herausforderers oder des Herausgeforderten an sich einen weiteren Unterschied begründet, jeder Duellant in der Regel mit 4 Wochen Carcer bis zum Consilio abeundi bestraft werden.

Wegen erschwerender Umstände, insbesondere wegen muthwillig gesuchter Veranlassung zum Streit, wegen gröblicher Beleidigung, Zurückweisung genügender Versöhnungsvorschläge, unterlassener Beiziehung eines Arztes, Vollziehung des Duells unter ungewöhnlich gefährdenden Bestimmungen oder ohne Secundanten kann nach Verschiedenheit der Fälle nur gegen den einen Theil oder gegen beide Theile eine höhere Strafe, und zwar bis zur geschärften Relegation erkannt werden.

Wegen mildernder Umstände, und namentlich gegen denjenigen Theil, der genügende Versöhnungsvorschläge gemacht hat, oder auf gröbliche Weise beleidigt wurde, kann eine geringere Strafe von 8 Tagen bis 4 Wochen erkannt werden.

Für vollzogen gilt ein Duell, sobald der Anfang desselben begonnen hat.

3) Secundanten und sogenannte Unparteiische können frei von Strafe bleiben, oder werden nach den Umständen mit einer Carcerstrafe bis zu acht Tagen, wenn das Duell jedoch unter ungewöhnlich gefährdenden Umständen vollzogen wurde, mit einer höhern Strafe bis zum Consilio abeundi belegt; andere Zeugen, Zuschauer, Kartelträger, so wie jene, welche das Duell in ihrer Wohnung gestatten, oder auf andere Weise Hilfe leisten, werden in eine Carcerstrafe von 8 bis 14 Tagen verfällt.

4) Diejenigen, die zum Duell angereizt haben, werden mit dem Consilio abeundi oder je nach Befinden mit einfacher

5) Wer Kenntniß von einem bevorstehenden Duell erhält, ist verpflichtet, es bei dem Universitätsamte anzuzeigen, wo alsbann gegen die Theilhaber sogleich Hausarrest, oder nach Befund Carcerhaft, auch Strafe erkannt wird.

6) Nach gepflogener Untersuchung ist die Aussöhnung beider Theile zu versuchen. Kommt diese aber nicht zu Stande, so wird Beiden eine wechselseitige Erklärung vorgeschrieben, die sie sich als Genugthuung gefallen lassen müssen. In beiden Fällen müssen beide Theile aber ihr Ehrenwort geben, sich während der Dauer ihres acabemischen Bürgerrechts nicht zu schlagen, und das von dem Universitätsamtmann darüber geführte Protocoll unterschreiben; wer dieses verweigert, erhält sogleich das Consilium abeundi. Wird dieses gegebene Ehrenwort in der Folge gebrochen und doch duellirt, so werden beide Duellanten mit der geschärften Relegation bestraft.

7) Die Medicin- und Wundarzneikunstbeflissenen, welche bisweilen bei einem Duell den Verband übernehmen, werden hieburch verpflichtet, nach dem ersten Verband oder nach der Leistung dessen, was dringend war, sogleich einem geordneten Arzte die Anzeige davon zu machen, widrigenfalls dieselben nach dem Grade der Gefährlichkeit der Verwundung mit angemessener Carcerstrafe, auch nach Befinden mit dem Consilio abeundi oder der Relegation bestraft werden.

8) Wegen vorgehabter oder vollzogener Duelle zwischen Studirenden und Personen eines andern Standes werden die ersteren nach den obigen Grundsätzen behandelt, wenn nicht besondere gravirende Umstände dazu kommen.

9) Die Pedelle, welche die Duelle im Laufe des Jahres gehörig angezeigt, und derjenige von ihnen, welcher die meisten zur Anzeige gebracht hat, oder welche durch Anzeigen über bevorstehende Duelle am meisten zur Verhinderung des Vollzugs der Duelle beigetragen haben, sollen je nach ihrem bewiesenen Eifer eine Belohnung von 40, 60—80 Gulden erhalten, und hat der acabemische Senat durch den Curator auf die niedrigste, mittlere oder auf die höchste Summe anzutragen.

10) Die bei einem Duelle gebrauchten oder an den zum Vollzug eines Duells gewählten oder bestimmten Platz gebrachten und daselbst vorgefundenen Waffen und sonstigen Geräth-

schaften sind zu confisciren, unbrauchbar zu machen und sofort so gut als möglich zum Besten der Universitätskasse zu verwerthen.

§. 45.

Die Störung der öffentlichen Ruhe oder Sicherheit auf den Straßen durch irgend einen polizeiwidrigen Unfug wird mit Carcerstrafe bis zum Consilio abeundi bestraft und auf Genugthuung, auch auf Schadenersatz also erkannt werden, daß, wenn der Ruhestörer mehrere sind, Jeder für den Andern zu haften hat.

§. 46.

Bei Beschädigung öffentlicher befriedeter Sachen sind die Thäter zum Ersatz des von ihnen wirklich verübten Schadens anzuhalten und mit einer angemessenen Disciplinarstrafe zu belegen, die schärfer sein wird, wenn ein derartiger Unfug sich häufig wiederholen sollte. Das Zerschlagen von Laternen wird mit einer Strafe von fl. 15 für's Stück und überdies mit Carcer geahndet.

§. 47.

Die Urheber von Aufständen, Tumulten und unerlaubten Versammlungen von Studenten, wozu insbesondere auch die gehören, welche durch den Ruf „Bursche heraus" dazu Veranlassung gegeben, sind, wenn der Fall nicht in ein peinliches Vergehen übergeht, mit geschärfter Relegation und nach Umständen mit Festungsstrafe, die Theilnehmer an denselben, wozu auch ohne Beweis eines näheren Antheils diejenigen zu zählen sind, welche sich bei einem lärmenden Haufen aufhalten, nach dem Grade ihrer Theilnahme mit angemessener Carcerstrafe, Unterschrift des Consilii abeundi, Consilio abeundi, oder Relegation zu bestrafen. Eine damit verbundene Widersetzlichkeit gegen die militärischen, städtischen oder academischen Behörden oder deren Unterbedienten, welche mit der Herstellung der Ruhe und Ordnung beschäftigt sind, zieht wenigstens das Consilium abeundi, und nach Befinden härtere Strafe nach sich. Auch tritt eine geschärftere Strafe gegen diejenigen ein, welche bei dergleichen Auftritten mit Waffen erscheinen, wenn sie auch keinen Gebrauch von denselben machen. Dabei versteht sich die Verbindlichkeit zum Schadenersatze von selbst.

§. 48.

Alle geheimen Verbindungen der Studirenden sowohl unter sich, als mit sonstigen geheimen Gesellschaften sind verboten.

Die Uebertretungen dieses Verbots werden im Disciplinarwege untersucht, und in nachstehender Weise bestraft:

1) Die Stifter einer verbotenen Verbindung und alle diejenigen, welche Andere zum Beitritt verleitet oder zu verleiten versucht haben, werden mit dem Consilio abeundi oder nach Befinden mit der Relegation, die den Umständen nach zu schärfen ist, belegt.

2) Die übrigen Mitglieder einer solchen Verbindung werden bei wiederholter oder fortgesetzter Theilnahme, wenn schon eine Strafe wegen verbotener Verbindungen vorangegangen ist oder andere Schärfungsgründe vorliegen, mit der Unterschrift des Consilii abeundi oder dem Consilio abeundi selbst, oder bei besonders erschwerenden Umständen mit der Relegation, die dem Befinden nach zu schärfen ist, belegt.

3) Insofern eine Verbindung mit Studirenden anderer Universitäten zur Beförderung verbotener Verbindungen Briefe wechselt, oder durch Deputirte communicirt, so werden alle diejenigen Mitglieder, welche an der Correspondenz einen thätigen Antheil genommen haben, mit der Relegation bestraft.

4) Auch diejenigen, welche ohne Mitglied der Gesellschaft zu sein, dennoch für die Verbindung thätig gewesen sind, werden nach Befinden der Umstände nach obigen Strafabstufungen bestraft.

5) Wer wegen verbotener Verbindungen bestraft wird, verliert nach Umständen zugleich die academischen Beneficien, die ihm aus öffentlichen Fondskassen, oder von Städten, Stiftern aus Kirchenregistern u. s. w. verliehen sein mögen, oder deren Genuß aus irgend einem andern Grunde an die Zustimmung der Staatsbehörden gebunden ist. Deßgleichen verliert er die seither etwa genossene Befreiung von Bezahlung der Honorarien für Vorlesungen.

6) Wenn eine verbotene Verbindung zu irgend einem in den academischen Gesetzen erwähnten Vergehen der Studirenden näheren oder entferneren Anlaß gegeben hat, so wird es als erschwerender Umstand angesehen.

7) Dem Gesuche um Aufhebung der Strafe der Wegweisung von der Universität in den Fällen und nach Ablauf der festgesetzten Zeit, wo Begnadigung stattfinden kann, wird niemals willfahrt, wenn der Nachsuchende nicht glaubhaft darthut, daß er die Zeit der Verweisung von der Universität nützlich verwendet und sich eines untadelhaften Lebenswandels beflissen hat, und wenn glaubhafte Anzeigen, daß er an verbotenen Verbindungen Antheil genommen, vorliegen.

§. 49.

Die Mitglieder einer burschenschaftlichen oder auf politische Zwecke unter irgend einem Namen gerichteten unerlaubten Verbindung trifft (vorbehaltlich der etwa zu verhängenden Criminalstrafen) geschärfte Relegation.

Die aus diesem Grunde mit geschärfter Relegation Bestraften sollen eben so wenig zum Civildienste, als zu einem kirchlichen oder Schulamte, zu einer academischen Würde, zur Advocatur, zur ärztlichen oder chirurgischen Praxis zugelassen werden.

Milderung oder Nachlaß kann nur von uns ausgesprochen werden.

§. 50.

Wer einer verbotenen Verbindung Zusammenkünfte in seiner Wohnung wissentlich gestattet, verfällt in eine angemessene Polizeistrafe.

§. 51

Studirende, welche in Folge des Gesetzes vom 26. October 1833 (Rggsblatt Nr. 38), die Vereine betreffend, wegen Theilnahme an verbotenen Vereinen bestraft werden, werden nebenbei noch im Disciplinarwege mit einfacher oder geschärfter Relegation bestraft.

§. 52.

Vereinigungen der Studirenden zu wissenschaftlichen oder geselligen Zwecken können mit Genehmigung des Senats statt=

finden. Diese Genehmigung kann zu jeder Zeit ohne Angabe der Gründe zurückgenommen werden.

§. 53.

Die Erlaubniß zu Aufzügen bei Tag oder bei Nacht, zu Fackelzügen und sogenannten Comitaten muß bei dem Universitätsamt und Prorector nachgesucht werden. In jedem Falle müssen sich aber zwei der Theilnehmer verpflichten, für jede etwaige Ungebühr, deren Urheber nicht bekannt werden sollten, persönlich zu haften.

Anständige Vergnügungen werden den Studirenden ohne erhebliche Ursache nicht versagt werden, in keinem Falle aber ist ihnen die Unterhaltung eigener Fechtböden oder das Miethen besonderer Gesellschaftszimmer zu fortdauernden Zusammenkünften zu gestatten.

Oeffentliche Verbindungen von längerer Dauer, welche bewilligt wurden, sind der besonderen Aufsicht des Amts untergeben, welchem die Theilnehmer die Einrichtung, Mittel und Zweck zur Prüfung vorzulegen und in der Folge über den Gang der Gesellschaft, so oft es verlangt wird, Rechenschaft zu geben haben, damit, wenn die Gesellschaft ausartet, die Bewilligung zurückgenommen werden könne.

§. 54.

Das Amt hat genau darauf aufmerksam zu sein, daß Gesellschaften von Studenten sowohl in dem Universitätsorte selbst, als in dessen Umgebungen nicht in Trinkgelage ausarten. Unmäßigkeiten und lärmendes oder sonst rohes unsittliches Betragen sind mit Verweisen, mit Carcer und bei ungehorsamer Beharrlichkeit mit dem Consilio abeundi zu belegen. Wenn unanständiges Benehmen einer solchen Gesellschaft die öffentliche Ruhe stört, sollen die Militär- oder Polizeipatrouillen sich an den Versammlungsort, wenn er auch gleich das Zimmer eines Studirenden wäre, begeben und die Ruhe herstellen. Sie können nöthigenfalls die Schuldigen arretiren und in Gemäßheit des §. 32 an das Universitätsamt abliefern.

Ein im Zustand grober Trunkenheit auf öffentlicher Straße betretener Student wird mit zwei- bis sechstägigem Carcer, im Wiederholungsfall aber noch schärfer bestraft. Wer auf der nämlichen Academie zum drittenmal wegen grober Trunkenheit bestraft wird, ist mit dem Consilio abeundi, und wer andere Studenten zum unmäßigen Trinken auf irgend eine Art nöthigt oder sie gar betrunken macht, bei der zweiten Wiederholung des Vergehens mit derselben Strafe zu belegen.

Wirthe und Einwohner, welche in ihren Häusern dergleichen Trinkgelage erlauben, sind ihrer Obrigkeit dafür verantwortlich, und werden beßhalb mit angemessener Strafe belegt.

§. 55.

Auszeichnungen in Kleidern oder Geräthschaften, welche erweislich Kennzeichen der Theilnahme an irgend einer verbotenen Gesellschaft sind, sind untersagt und der Schuldige wird wie ein Mitglied einer solchen Gesellschaft bestraft. Ist eine solche Auszeichnung nur wahrscheinlich ein Merkmal einer solchen Theilnahme, so muß dieselbe dennoch sogleich bei verhältnißmäßiger. Strafe untersagt werden, wie denn auch selbst den Mitgliedern erlaubter temporärer Gesellschaften verboten ist derlei Unterscheidungszeichen zu tragen.

Militär= und Civiluniformen zu tragen ist nur denen erlaubt, welche hinreichend bei dem Universitätsamte darthun daß sie von einer geeigneten in= oder ausländischen Behörde dazu ermächtigt worden sind. Von einer jeden derartigen Berechtigung ist der Garnisonscommandant zu benachrichtigen.

Jedem andern Studenten ist das Tragen einer wirklichen oder einer willkührlichen Uniform, wie auch von goldenen oder silbernen Hutcordons, Epaulettes und andern als einfarbig schwarzen Cocarden verboten. Nur denjenigen sind farbige Cocarden erlaubt, welche von einer Nation sind, wo eine solche Cocarde zum Nationalcostüm gehört.

Gegen diejenigen, welche die Warnungen des Universitätsamtmanns, sodann die auf die Uebertretung hierdurch gesetzt werdende Strafe von 1 fl. 30 kr., die Confiscation, welche bei Uniformen den Theil der Kleidung trifft, der dieselbe zur Uniform qualificirt, und die Carcerstrafen nicht bewegen, solche Unterscheidungszeichen abzulegen, kann stufenweise bis zum Consilio abeundi geschritten werden.

§. 56.

Da wegen der Ernährung unehelicher, obschon nicht anerkannter Kinder an den Vater diejenigen Ansprüche stattfinden, welche die Landesverordnung von 1809, Regierungsblatt Nr. 7, näher bestimmt, so hat das Universitätsamt zu sorgen, daß, wenn ein Student in einen solchen Fall gerathen sollte, neben der Strafe auch der Ernährungsbetrag sichergestellt werde.

§. 57.

Endlich ist den Studenten verboten:

1) das Verbleiben in öffentlichen Häusern nach der Polizeistunde bei Strafe einer Geldbuße von 30 kr. für das erstemal — einer Geldbuße von 2 fl. für das zweitemal und eines steigenden Carcers für die folgenden Male, wenn nicht in jedem Falle der Universitätsbeamte die Erlaubniß dazu ertheilt und zwei Mitglieder der Gesellschaft sich in dem oben §. 53 gedachten Maße besonders dafür verpflichtet haben. Dann muß aber die Gesellschaft in einem andern als dem gewöhnlichen Wirthszimmer zusammenkommen;

2) das Tragen der Waffen jeglicher Art, mit Ausnahme der zu erlaubten Uniformen oder Kleidungen gehörenden Waffen, so wie das Herumlaufen mit Rappiren auf öffentlicher Straße, bei Strafe von 2 fl. für das erstemal und eines steigenden Carcers für die folgenden Male; das Tragen verborgener Waffen, und namentlich der Dolche, Stilets u. dergl. bei Strafe der Relegation und je nach Befund der Umstände bei Vermeidung noch härterer Strafen;

3) das Rappiren auf den Zimmern, da es nur auf offenen Hausfluren, auf dem Fechtboden oder an ganz freien Orten geschehen darf, bei 4 bis 8tägiger Carcerstrafe, wie dann auch der Hausherr, welcher es dem Universitätsamt nicht anzeigt, daß in seinem Hause auf einem Zimmer rappirt wird, von seiner Obrigkeit zu strafen ist.

Ferner wird nach Befund mit Verweisen, Geld- oder Carcerstrafe belegt:

4) das schnelle Reiten oder Fahren in den Straßen;

5) das Maskiren oder Verkleiden, besonders bei Schlittenfahrten, den Fall der öffentlich maskirten Bälle ausgenommen.

Das Verkleiben bei einem Auflauf aber wird mit der Relegation bestraft;

6) das Tabakrauchen an allen Orten, wo es dem Herkommen oder dem öffentlichen Anstande zuwider ist, besonders in den academischen Gebäuden und Hörsälen;

7) das Erscheinen auf dem Theater bei einer Schauspielergesellschaft;

8) das Mitbringen der Hunde in die Collegien und in öffentliche Gesellschaften;

9) das Baden an offenen Plätzen nahe bei der Stadt oder an der Landstraße;

10) das Besuchen der Incarcerirten ohne Erlaubniß des Universitätsamts, wofür der Pedell streng verantwortlich ist;

11) alle Nachtschwärmereien;

12) das Beherbergen fremder Studenten, ohne es dem Universitätsamt anzuzeigen;

13) die Gewährung eines heimlichen Aufenthalts an solche Studirende, welche von der Universität verwiesen sind.

§. 58.

Studirenden, deren Entfernung von der Universität zu ihrem eigenen Besten oder im Interesse der Disciplin für nöthig gefunden wird, kann auch wenn kein bestimmtes Vergehen ihnen zur Last fällt, das academische Bürgerrecht aufgekündigt werden.

Die Aufkündigung des academischen Bürgerrechts wird auf den Antrag des Amts oder des Ephorats von dem Senate ausgesprochen, oder von dem Curator, wie vom Ministerium des Innern auf den Antrag des Amts und des Prorectors dem Senate aufgetragen, jedoch niemals als Strafe erkannt und nach den Umständen, zumal wenn keine förmliche Untersuchung vorausgegangen ist, auch nicht in das Abgangszeugniß aufgenommen.

Auch gegen Studirende, welche ihren gewöhnlichen Wohnsitz und ihr Heimathsrecht in der Universitätsstadt haben, kann die Aufkündigung des academischen Bürgerrechts ausgesprochen werden, und zwar mit der damit zu verbindenten urkundlichen Erklärung, daß wenn sie bei ihrem Verweilen in der Universitätsstadt sich nicht jeder Theilnahme auch an erlaubten geselligen Vereinen der Studirenden enthalten, oder durch ihren Umgang mit Studirenden und ihre Theilnahme an etwaigen Excessen Veranlassung zu Beschwerden geben, sie auf der Universität nicht wieder aufgenommen werden.

§. 59.

1) Das Reisen der Studirenden außer der Ferienzeit findet in der Regel nicht statt, und Pässe dazu werden vom Universitätsamte bloß auf besonderes Verlangen der Eltern oder Vormünder oder auf Vorweisen unverdächtiger Briefe ausgestellt, aus welchen die Nothwendigkeit der Reise glaubhaft wird.

2) Pässe der Studirenden in das Ausland und nicht in ihren Heimathsstaat sind zuvor an das Großherzogliche Ministerium der auswärtigen Angelegenheiten, zum Behufe der Erwirkung des Visas der betreffenden Gesandtschaften, zu senden, und nur in eilenden Fällen kann hiervon Umgang genommen werden, wovon das Universitätsamt jedesmaligen Bericht an das gedachte Großherzogliche Ministerium zu erstatten hat.

Auf Pässe, die auf wenige Tage in nicht ferne Orte des Auslandes ausgestellt werden, hat dies keine Anwendung.

3) Pässe jener Studirenden, die an verbotenen Verbindungen Theil genommen haben, sind nur in ihre Heimath, und, wo möglich nicht über die Universitätsstädte auszustellen.

4) Die Urkunden, auf welche Pässe ertheilt werden, sind bei Amt in Verwahrung zu nehmen, wenn dieselben von der Art sind daß sie statt der Reisepässe gebraucht werden können.

Alte Pässe können beim Abgange von der Universität den Studirenden auf Verlangen wieder zugestellt werden, müssen aber vorerst mittelst Durchstrichs und der Erklärung, daß ein neuer Paß ausgestellt wurde, für nichtig erklärt werden.

5) Matrikel und Legitimationskarten gelten nicht als Pässe, und es ist dies in diesen Urkunden namentlich auszudrücken.

6) Das Universitätsamt hat auch die Paßausstellung für jene Studirende zu besorgen, welche die Hochschule verlassen, oder von derselben abgewiesen wurden.

VI. Titel.

Von den acabemischen Strafarten.

§. 60.

Nach den Geldbußen und Verweisen, welche letztere bei wichtigeren Anlässen von dem Prorector vor versammeltem academischem Senate ertheilt werden, folgt als nächste Strafgattung der Carcer. Während der drei ersten Arresttage darf der Incarcerirte keine Vorlesungen besuchen, nachher ist es ihm, sofern das Straferkenntniß nicht ausdrücklich das Gegentheil bestimmt, erlaubt. Wer aber diese Erlaubniß, um anders wohin zu gehen, mißbraucht, verliert sie, wird auch nach Umständen noch weiter bestraft.

Sonstiges Ausgehen während der Strafzeit kann der Universitätsamtmann zwar wegen Krankheit, außerdem nur der Senat, und zwar aus wichtigen Gründen, gestatten.

Das Besuchen der Incarcerirten soll niemals ohne bringende Veranlassungen erlaubt werden. Außer der gewöhnlichen täglichen Nahrung sind einem Incarcerirten keine weitere Speisen oder Getränke zukommen zu lassen, und ist der Pedell dafür streng verantwortlich.

§. 61.

Auf den Carcer folgt die Unterschrift des Consilii abeundi. Diese enthält ein feierliches Versprechen, sich kein Vergehen auch von geringerer Bedeutung künftig mehr zu Schulden kommen zu lassen. Wer dieses Versprechen dadurch bricht, daß er sich ein Vergehen zu Schulden kommen läßt, welches für Andere wenigstens acht Tage Carcer nach sich ziehen würde, ist wenigstens mit dem Consilio abeundi zu bestrafen.

§. 62.

Das Consilium abeundi besteht in der Wegweisung aus dem Bezirke des Hofgerichts des Universitätsortes. Diese Strafe dauert ein Jahr, nach dessen Verfluß der Hinweggewiesene wieder

VI. Titel. Von den academischen Strafarten.

zurückkehren und wenn er obrigkeitliche Zeugnisse über sein sittliches Betragen beibringt, sich von Neuem immatriculiren lassen kann.

Wenn er sich aber nachher ein Vergehen zu Schulden kommen läßt, wegen dessen ein Student mit achttägiger Carcerstrafe belegt zu werden pflegt, so wird derselbe auf immer hinweggewiesen.

Die Verweisung hört von selbst auf, wenn der Verwiesene einen Staatsdienst oder ein Ortsbürgerrecht erhält.

Nach diesem folgt die Relegation. Diese hat zwei Grade:

1) Die einfache Relegation. Diese besteht aus der Verweisung aus oben gedachtem Bezirk auf zwei bis vier Jahre, nach welcher Zeit der Relegirte zwar zurückkehren, aber nicht mehr als academischer Bürger aufgenommen werden kann.

2) Die geschärfte Relegation. Bei dieser wird der einfachen Relegation noch die Bekanntmachung an die Obrigkeit des Relegirten und nach dem Erkenntniß des Hofgerichts in peinlichen Fällen, oder nach dem Ermessen des Senats die Gefängnißstrafe oder ein Festungsarrest vor der Ausweisung beigefügt, wie dann auch die geschärfte Relegation auf mehr als vier Jahre, als ihre gewöhnliche Dauer, ja auf immer ausgedehnt werden kann. Die Ehrlosigkeit gehört zu den peinlichen Strafen, auf welche nur das Hofgericht, und zwar nur wegen solcher Verbrechen, die nach den Staatsgesetzen mit Ketten- oder Zuchthausstrafe oder mit Ehrlosigkeit belegt werden, erkennen kann.

Von jeder Wegweisung (Consilium abeundi), sowie von jeder Relegation hat das Universitätsamt nebst der desfallsigen Ursache und einem Signalement des Gestraften sämmtliche deutsche Universitäten, sowie das Stadtamt zum Behufe der Ausweisung des Weggewiesenen zu benachrichtigen, eine Abschrift des Erkenntnisses am schwarzen Brette anzuschlagen, und zugleich die Eltern und die, welche deren Stelle vertreten, von der Strafe in Kenntniß zu setzen.

§. 63.

Wird das Consilium abeundi oder die Relegation gegen einen Studirenden erkannt, der seinen gewöhnlichen Wohnsitz und das Heimathsrecht in der Universitätsstadt oder in einem andern Orte des Hofgerichtsbezirks hat, in welchem sich die Universitätsstadt befindet, so kann demselben in Fällen, wo nach den Umständen die Wegweisung besonders hart erscheinen würde, von dem Ministerium des Innern der Aufenthalt in seinem Heimathsorte gestattet werden, jedoch, wenn dies die Universitätsstadt selbst oder ein derselben nahe gelegener Ort ist, nur unter der gleichen Androhung, wie im Falle der Aufkündigung des acabemischen Bürgerrechts (§. 58).

Der Aufenthalt in seinem Heimathsorte und überhaupt in dem Hofgerichtsbezirke darf einem solchen Consiliirten oder Relegirten jedenfalls nicht verweigert werden, wenn er erklärt, daß er seine acabemischen Studien aufgebe und einen andern Beruf wähle, und hierüber im Fall seiner Minderjährigkeit zugleich ein Zeugniß seiner Eltern oder Vormünder beibringt.

§. 64.

Wer, um der Strafe eines Vergehens auszuweichen, sich heimlich entfernt, wird, wenn er in den Großherzoglichen Landen, ohne vorher ausgewirkte Abolition, wieder betreten wird, arretirt, und wenn er auch noch als acabemischer Bürger anzusehen ist, zur Bestrafung an das Universitätsamt ausgeliefert.

§. 65.

Die Urtheile, welche der Universitätsamtmann allein zu fällen befugt ist, publicirt er auch allein; desgleichen die hofgerichtlichen Erkenntnisse in peinlichen Sachen, doch hat er dem acabemischen Senat den Inhalt des Erkenntnisses zur Kenntnißnahme mitzutheilen; alle Urtheile aber, welche der Senat fällt, publicirt der Prorector oder ein hierzu abgeordnetes Senatsmitglied in Beisein des Universitätsamtmanns. Die Vollziehung der Urtheile gebührt ohne Ausnahme dem Amtmann, der auch von allen Straferkenntnissen dem Ephorat schriftliche Nachricht zu geben hat.

VII. Titel.
Von der Verfahrungsart in academischen Polizei- und Disciplinarsachen.

§. 66.

Das Verfahren in Polizeisachen der Studirenden, so wie in allen Disciplinarangelegenheiten ist summarisch.

§. 67.

Kein Student kann weder in eigener Person, noch durch einen Anwalt Einsicht oder Abschrift von den Acten über dergleichen Angelegenheiten begehren, selbst nicht nach gefälltem Urtheile, noch nach beendigter Untersuchung.

§. 68.

Eben so wenig dürfen den Studirenden andere Angeber oder Zeugen, als die Subalternen der Universität, namhaft oder kenntlich gemacht werden, ausgenommen in dem Fall einer von dem Richter zu ermessenden unausweichbar nothwendigen Confrontation.

§. 69.

Studirende, welche in einer Untersuchung verflochten sind, müssen es sich gefallen lassen, daß sie nach Ermessen des Universitätsamts unter Hausarrest, mit oder ohne Wache, oder selbst in den Carcer gesetzt werden.

Insofern sie aber nicht durch Unwahrheiten diese Maaßregel verschuldet haben, soll den Theilnehmern des untersuchten Vergehens solcher Arrest bei der künftigen Strafe angerechnet werden; überhaupt ist in solchen Fällen die Untersuchung möglichst zu beschleunigen.

§. 70.

Die auf seine Amtspflicht geleistete Aussage oder Anschuldigung eines Oberpedells über das, was er aus unmittelbar eigener Wahrnehmung weiß, macht für jede Art von Straferkenntnissen in Polizei- und Disciplinarsachen einen hinreichenden Beweis aus.

§. 71.

In Untersuchungssachen kann einem Angeschuldigten ein feierliches Ehrenwort, daß seine Aussage oder Behauptung wahr sei, abgenommen werden.

Verweigert der Angeschuldigte, das Ehrenwort zu geben, so wird er als überführt betrachtet.

§. 72.

Studirende, welche in Disciplinarsachen als Zeugen verhört werden, und dabei geflissentlich Unwahrheiten vorbringen oder sich beharrlich weigern, das, was sie von der Sache wissen, anzugeben, sind mit ernstlicher Strafe zu belegen. Ihre Aussagen müssen sie auf Verlangen der acadenischen Behörde, bei Vermeidung der Strafe des Ungehorsams gegen obrigkeitliche Befehle, mit einem feierlichen Ehrenwort bekräftigen.

Dieses Ehrenwort, da es statt Zeugeneides oder Handgelübdes gilt, ist jedoch nur in wichtigen Fällen abzunehmen, und darauf zu sehen, daß keine Collisionen der Ehrenworte eintreten.

§. 73.

Auch kann bei erheblichen Veranlassungen (z. B. §. 44 Nr. 6) den Studirenden ein feierliches Versprechen in Hinsicht eines bestimmt bezeichneten künftigen Benehmens unter Abgebung des Ehrenworts von ihrer Obrigkeit zur Pflicht gemacht werden. Wer sich dessen weigert, wird den Umständen nach entweder consiliirt, oder bis zur Nachgiebigkeit verhaftet.

§. 74.

Ein solches feierliches Ehrenwort, wie hier §. 71, 72 und 73 erwähnt ist, muß durch einen der Obrigkeit gegebenen Handschlag und eigenhändige Unterschrift der in das Protocoll wirklich eingerückten Erklärung gegeben werden.

§. 75.

Wer ein gegebenes Ehrenwort dieser Art bricht oder überführt wird, daß er es wissentlich falsch gegeben habe, ist ohne Ausnahme mit geschärfter Relegation zu bestrafen.

§. 76.

Bei Fällung der Straferkenntnisse in academischen Polizei- und Disciplinarsachen können die academischen Behörden das bisherige sowohl in Ansehung des Fleißes als auch der Sitten musterhaft zu nennende Betragen des einzelnen Schuldigen zur Milderung aller in diesen Gesetzen entweder nicht speciell bestimmten oder doch die Stufe einer Relegation nicht erreichenden Strafen in Anschlag bringen.

§. 77.

Da hingegen soll auch des Schuldigen früherer tadelswürdiger Lebenswandel ein Schärfungsgrund der Strafe des einzelnen Falls sein.

§. 78.

Trunkenheit kann einem Studirenden nur bei geringen Polizeivergehen oder bei Verbalinjurien zu einiger Milderung der Strafe gereichen, und auch da nur, wenn sie als erstmalige gegen ihn zur Sprache kommt und wenn sie nicht vermöge §. 54 dieser Gesetze als ein schon an und für sich strafbares Ungebührniß erscheint.

§. 79.

Die Erschwerung der Untersuchung durch geflissentliches Vorbringen von Unwahrheiten oder beharrliches Läugnen ist bei allen Polizei- und Disciplinarsachen, welche nicht ohnehin schon die Verweisung von der Academie zur Folge haben, als ein erheblicher Schärfungsgrund der Strafe zu betrachten.

§. 80.

Kein Recurs hat Suspensiveffect, wenn nicht durch den gleichbaldigen Vollzug des Erkenntnisses die Unmöglichkeit einer reformatorischen Entscheidung bedingt ist.

Insbesondere kann die Entfernung der von der Universität Verwiesenen nur in den Fällen suspendirt werden, in welchen der Senat mit Genehmigung des Curators und bei dessen Abwesenheit mit Zustimmung des Prorectors zu dem Senatsbeschlusse den Suspensiveffect zu gestatten für gut hält.

§. 81.

Bei ergriffenem Recurs, der sogleich bei Eröffnung des Erkenntnisses angezeigt werden muß, ist die Beschwerdeführung gegen amtliche Erkenntnisse innerhalb 3 Tagen, gegen Erkenntnisse des Senats innerhalb 8 Tagen bei dem Universitätsamt einzureichen, welches sie in dem Fall, wo es selbst erkannt hat, an den Senat berichtlich einsendet, im andern Fall aber dem Senat mit den Acten und mit Bericht zur Einsendung an das Ministerium des Innern übergibt.

§. 82.

Gesuche um Verwandlung von dem Senat bereits erkannter Strafen müssen in der Regel vor Unser Ministerium des Innern gebracht werden.

§. 83.

Studirende, welche sich erlauben, einen von der Academie Verwiesenen auf eine solche Art zu begleiten, daß sich dadurch Trotz gegen die academische Obrigkeit an den Tag legt, sind nachdrücklichst, ja selbst nach Beschaffenheit der Umstände mit der Verweisung von der Academie zu bestrafen.

§. 84.

Sollte eine Untersuchung oder Strafvollziehung gegen entwichene oder bereits abgegangene Studirende nöthig werden, so ist zuerst deren zeitliche Obrigkeit um ihre Sistirung oder Vernehmung und resp. Vollziehung des Straferkenntnisses zu requiriren; verweigert diese aber die Rechtshülfe, oder ist der Aufenthalt des Betheiligten unbekannt, so ist derselbe edictaliter vorzuladen, und im Nichterscheinungsfalle zu relegiren.

§. 85.

Sollte übrigens die Entweichung eines Studirenden mit Verletzung des ihm aufgelegten Haus- oder Stadtarrestes verknüpft sein, so zieht schon dieses allein besondere Strafen nach sich; nämlich wenn der Entwichene nicht freiwillig zurückkehrt, so trifft ihn wenigstens die einfache Relegation; kehrt er aber freiwillig zurück, in der Regel nur das Consilium abeundi, wenn ihm in diesem Falle nicht ganz besondere Entschuldigungsgründe und mildernde Umstände zur Seite stehen, welche bloße

Carcerstrafe für ihn bewirken können. Wer jedoch den Arrest deßhalb temporell gebrochen hat, um in der Zwischenzeit ein Vergehen zu verüben, der erhält des gebrochenen Arrestes wegen schon die Relegation.

VIII. Titel.

Von den Schulden des Academikers.

§. 86.

I. Völlig nichtig und unverbindlich sind folgende Ansprüche an einen Stubirenden:

1) Alle Darleihen in baarem Gelde sowohl, als Waaren statt baaren Geldes, wenn solche nicht erweislich zum Bezahlen anderer rechtmäßiger Schulden vorgeschossen oder verwendet worden sind.

2) Alle Intercessionen eines Stubirenden.

3) Alle Forderungen für creditirten Wein und geistiges Getränk, mit Ausnahme jedoch des von den Speisewirthen gewöhnlich bei dem Essen vorgesetzten Schoppen Weins oder Biers.

4) Alle Forderungen der Kaffee- oder Billardwirthe als solcher.

5) Alle Spielschulden ohne Unterschied.

6) Die für Wagen-, Schlitten- oder Pferdemiethe für mehr als eine Tour.

II. Nur mit den beigefügten Beschränkungen rücksichtlich der Summe oder der Zeit der Einklage geben folgende Ansprüche ein gegründetes Recht zur Klage gegen Stubirende bei dem Universitätsamte:

1) Miethzins von Wohnung und Meubles für ein halbes Jahr.

2) Wegen gereichter Kost für drei Monate.

3) Lohn der Aufwärter, Stiefelputzer, Friseurs, Barbirer und Wäscherinnen für ein halbes Jahr.

4) Für kleine Auslagen der Aufwärter und Hauswirthe bis zu zehn Gulden.

5) Miethe für Pferde, Wagen und Schlitten, jedoch nur für eine Tour.

6) Für Kaufmannswaaren bis zu 40 fl.

7) Die Forderungen der Buchhandlungen bis zu 50 fl.

8) Die der Antiquare bis zu 5 fl.

9) Für Schreibmaterialien bis zu 5 fl.

10) Für Buchbinder, Schneider, Schuhmacher und andere Handwerkerarbeit bis zu 12 fl.

11) Für Bäckerwaaren bis zu 5 fl.

Alle diese Forderungen müssen binnen einem Vierteljahr nach der Verfall= oder Lieferungszeit bei dem Universitätsamt eingeklagt werden, rücksichtlich anderer Ansprüche gelten die landrechtlichen Bestimmungen.

§. 87.

Alle Klagen wegen der im vorhergehenden § für völlig nichtig und unverbindlich erklärten Ansprüche hat das Amt ex officio zu verwerfen, auch keine Einreden daraus zuzulassen, wenn solche Ansprüche auch noch so sehr, selbst mittelst Eides oder Verpfändung gesichert wären; dafür gegebene Pfänder müssen ohne Ersatz zurückgegeben werden. Doch findet diese Nichtigkeit nur zum Besten der Studirenden und ihrer Erben, nicht dritter Personen, welche solche Verbindlichkeiten auf eine gültige Art übernommen haben, statt.

Wer wegen der ad II. §. 86 erwähnten Forderungen einen größeren oder längeren Credit gibt, kann deßfalls, so lang der Schuldner acabemischer Bürger ist, bei dem Universitätsamt keine Klage anbringen, und diese ist, wenn sie dennoch angestellt wird, ebenso von Amtswegen zu verwerfen.

§. 88.

Studirende, die arglistiger oder leichtsinniger Weise bedeutend Schulden contrahiren, sollen auf der Universität nicht geduldet werden; dagegen ist aber auch, wenn aus Veranlassung einer bei dem Universitätsamt angebrachten Forderung der mit den Studenten Contrahirenden sich ein Betrug oder ein auffallendes Ueberfordern der Letztern entdecken sollte, die Anzeige davon von dem Amt an die competente Behörde zum weitern Verfolg der Sache zu machen.

§. 89.

Bei der Execution gegen einen Studirenden bleiben dessen nothwendige Kleidungsstücke und nothwendige Bücher frei.

Wenn das, was der Student außer diesem bei sich hat, zur Zahlung der Schuld nicht hinreicht, so schreibt das Universitätsamt (welches dessen Zeugnisse bis zu getilgter Schuld zurückbehält) an die Eltern oder Vormünder, und, wenn dieses nicht wirkt, an die Obrigkeit desselben und gibt dem Studenten Stadtarrest. Entweicht der Student aus dem Arrest, so wird er am schwarzen Brett citirt, binnen einer nach Ermessen zu bestimmenden Frist bei Strafe der Relegation zu erscheinen; erscheint er nicht und verhilft seine Obrigkeit nicht zur Zahlung, so wird die Relegation erkannt und nebst ihrer Ursache in die öffentlichen Blätter eingerückt. Dasselbe Verfahren tritt gegen Studirende ein, die ihren Gläubigern gerichtliche Zahlung versprechen und dadurch freie Abreise erlangt haben, allein nun nicht zahlen.

§. 90.

Studenten, welche wegen Schulden nach dem Ermessen des Universitätsamts der Flucht verdächtig sind oder den Stadtarrest gebrochen haben oder schon von einer andern hohen Schule wegen noch nicht bezahlter Schulden entwichen sind, oder welche wegen Vergehungen von der Universität verwiesen worden, sollen im Fall es die Gläubiger verlangen, wenn sie gleich minderjährig sein sollten, auf Kosten derselben in Verhaft gebracht, und daselbst anständig nach dem Ermessen des Universitätsamts verpflegt werden.

Ausländische Gläubiger haben dieses Recht nur, sofern durch Staatsverträge oder durch ein specielles Versprechen ihrer obern Behörde das Reciprocum gesichert ist.

§. 91.

Ein Student, welcher vor Bezahlung seiner Schulden, ohne sich mit den Gläubigern deßhalb vereinigt zu haben, von der Academie abgeht, wird von dem Universitätsamte am schwarzen Brett citirt und, wenn er binnen einer nach Ermessen zu bestimmenden Frist nicht erscheint, von dem academischen Senat relegirt; auch wird sich wegen der Zahlung zuerst bei dessen

Eltern oder Vormündern, und wenn dieses fruchtlos ist bei dessen Obrigkeit von dem Universitätsamte verwendet. Die in diesem Falle zu erkennende Relegation ist in der Regel die einfache mit ihren in §. 62 bezeichneten Folgen.

Nur bei besonderen Umständen kann ihr das Consilium abeundi substituirt werden.

Den Gläubigern steht auch die Befugniß zu, mit Vorwissen der academischen Obrigkeit ihre flüchtig gewordenen Schuldner zu verfolgen, arretiren und wenn solche den Stadtarrest gebrochen haben, mit Wache auf ihre Kosten zurückbringen zu lassen.

IX. Titel.

Von der Benutzung der Universitäts-Bibliothek.
(Siehe den Nachtrag.)

§. 92.

Die Bibliothek wird zum Gebrauche des Publikums während des ganzen Jahres Montags, Dienstags, Donnerstags und Freitags von 10 bis 12 Uhr, Mittwochs und Sonnabends aber von 2 bis 4 Uhr geöffnet, und zwar mit dem Schlage. Nur an Feiertagen bleibt die Bibliothek geschlossen.

§. 93.

Jedem Academiker steht es frei, in diesen öffentlichen Stunden sich im Lesezimmer der Bibliothek einzufinden und von den Bibliothekaren die Bücher, welche er dort einzusehen verlangt, zu begehren, auch daraus mit Bleistift zu excerpiren. Dagegen darf kein Academiker ohne Erlaubniß der Bibliothekare aus den Lesezimmern in die Bibliotheksäle treten und noch weniger Bücher aus den Fächern ziehen.

§. 94.

Größere Werke von allgemeinem Gebrauche, wie große Wörterbücher und Kupferwerke, ausgenommen, welche in der

Regel an Niemand verliehen werden, kann ein Academiker ein jedes Werk aus der Bibliothek gegen einen gesetzmäßig eingerichteten Empfangschein zur Benutzung nach Haus erhalten, welchen Empfangschein er bei Zurücklieferung des geliehenen Werkes zurückerhält.

§. 95.

Jeder Empfangschein darf nur ein einziges Buch enthalten, muß ein Octavblatt groß und vom Entlehner eigenhändig unterschrieben sein. Der Schein enthält:
1) den Titel des Buchs;
2) die Ausgabe;
3) die Anzahl der verlangten Theile, und
4) das Datum.

Außer diesem hat der Academiker seinen Empfangschein von einem der Professoren unterschreiben zu lassen, welcher sich dadurch für die richtige Zurücklieferung verbürgt.

Diese Unterschrift kann derselbe Entlehner zwar in verschiedenen Semestern sich von verschiedenen Professoren ertheilen lassen, nicht aber in demselben Semester.

Nur Doctoranden, welche sich durch einen Schein des betreffenden Facultätsdecans als solche legitimiren, können ohne jemandes anderen Unterschrift Bücher zum Ausarbeiten ihrer Dissertationen erhalten.

§. 96.

Es ist in der Regel keinem Academiker gestattet, mehr als ein Werk zu Hause zu haben.

Nur auf weitere Empfehlung und dann eintretende weitere Verantwortlichkeit der cavirenden Professoren wird eine Ausnahme gemacht, wie auch, wenn ein Academiker durch einen Schein des betreffenden Facultäts-Decans darthut, daß er sich mit Ausarbeitung einer Inaugural-Dissertation beschäftige.

§. 97.

Die Academiker dürfen die geliehenen Bücher auf denselben Schein nur vier Wochen lang behalten. Nach Ablauf dieses Termins können sie, wenn sie die Bücher noch länger bedürfen, unter Einreichung eines neuen Scheins um Verlängerung der

Frist nachsuchen, welche ihnen bewilligt werden wird, wenn indeß das Buch quaest. von keinem andern verlangt wurde.

§. 98.

Ist aber jener Termin von vier Wochen ohne Rücklieferung des geliehenen Werks und ohne nachgesuchte Verlängerung verstrichen, so sind:

1) die Bibliothekare berechtigt, dem Säumigen fernere Bücher so lang zu verweigern, bis er die über die Zeit rückständigen zurückgeliefert hat.

Zugleich sind sie:

2) sogleich berechtigt, nach Ablauf von ferneren 14 Tagen aber schuldig, ihn durch den Bibliothekdiener einmal (dieses erstemal unentgeltlich), und, wenn dann in dreien Tagen die Ablieferung nicht erfolgt, zum zweitenmal erinnern zu lassen, für welchen zweiten Gang er dem Bibliothekdiener 15 kr. zu entrichten hat. Bleibt auch diese Erinnerung fruchtlos, so hat der Bibliothekdiener den cavirenden Professor davon zu unterrichten, welcher, wenn auch seine Erinnerung vergeblich ist, den Prorector auffordern muß, daß er das Buch durch angedrohte Geldstrafe und andere gerichtliche Zwangsmittel beitreibe. Der Säumige, welcher es bis zur Anrufung gerichtlicher Hülfe kommen läßt, erhält niemals wieder ein Buch von der Bibliothek.

§. 99.

In der letzten Woche vor Ostern und vor Michaelis müssen nothwendig alle ausgeliehenen Bücher auf die Bibliothek zurückgeliefert werden, selbst die, bei denen der sonstige Termin (§ 97) noch nicht abgelaufen war. Den Academikern wird dieser Termin jedesmal durch einen Anschlag am schwarzen Brett in Erinnerung gebracht. Wer bei Ablauf der gesetzten Woche seine Bücher noch nicht eingeliefert hat, wird sogleich durch einen Bibliothekdiener erinnert und demnächst ebenso, wie im §. 98 bestimmt ist, verfahren, nur daß hier die Bibliothekdiener schon für die erste Erinnerung 15 kr. zu fordern berechtigt sind.

Während dieser Tage werden gar keine Bücher ausgeliehen.

Die bisher für unsere Hochschulen zu Heidelberg und Freiburg bestandenen academischen Gesetze sind durch die gegenwärtigen in ihrem ganzen Umfange für aufgehoben zu erachten.

Gegeben Karlsruhe, den 30. April 1835.

Leopold.

vdt. v. Reizenstein.

Auf Befehl Seiner Königlichen Hoheit:

Büchler.

Beilage I.

Formular des nach §. 8 aufzunehmenden Protokolls.

... N. erklärt, daß er die Universität nur zum Zwecke seiner intellectuellen Ausbildung besuchen wolle und nicht die Absicht habe, sich zu einem Berufe zu befähigen, wozu nach den bestehenden Gesetzen und Verordnungen academische Studien und die Erstehung einer Staatsprüfung verlangt werden. Er wurde hierauf von dem Inhalt der Großherzoglichen Verordnung vom 13. Mai 1823 und insbesondere davon unterrichtet, daß jeder, der nicht vor dem Bezuge einer Hochschule ein Zeugniß der Reife zum Beginnen der academischen Studien und die Erlaubniß zum Besuche der Universität auf Beschluß der Studienbehörde erlangt hat, weder zu einem Staatsdienste, welcher academische Studien erfordert, noch selbst zur Staatsprüfung zugelassen wird, und eine Dispensation zum Zwecke einer Nachprüfung in den Schulkenntnissen nach erfolgter Aufnahme als academischer Bürger nicht stattfinde. Nach Vorlesung unterzeichnet ꝛc.

Der Abschrift des Protokolls beizusetzende Bescheinigungsformel.

Der Unterzeichnete bescheinigt anderch, vorstehende Protocoll-Abschrift gelesen zu haben, indem er zugleich bestätigt, daß er seinem Sohne (mut. mut.) die Erlaubniß zum Besuche der Universität zu dem oben angegebenen Zwecke ertheilt habe.

Revers.

Beilage II. zu §. 18.

„Ich Unterzeichneter verspreche mittelst meiner Namens-Unterschrift auf Ehre und Gewissen:

1) daß ich an keiner verbotenen oder unerlaubten Verbindung der Studirenden, welchen Namen dieselbe auch führen mag, Theil nehmen, mich an dergleichen Verbindungen in keiner Beziehung näher oder entfernter anschließen, noch solche auf irgend eine Art befördern werde;

2) daß ich weder zu dem Zwecke gemeinschaftlicher Berathschlagungen über die bestehenden Gesetze und Einrichtungen des Landes, noch zu jenen der wirklichen Auflehnung gegen obrigkeitliche Maaßregeln mit Andern mich vereinigen werde.

Insbesondere erkläre ich mich für verpflichtet, den Forderungen, welche die academischen Gesetze wegen unerlaubter Verbindungen enthalten, stets nachzukommen, widrigenfalls aber mich allen daselbst ausgesprochenen Strafen und nachtheiligen Folgen unweigerlich zu unterwerfen."

Inhalts-Verzeichniß.

I. Titel.
Von der Erwerbung und von dem Verluste des academischen Bürgerrechts 3

II. Titel.
Von den Verhältnissen der Academiker gegen die Vorsteher, die Professoren und die Unterbedienten der Academie 10

III. Titel.
Von den Verhältnissen der Academiker gegen andere Dienstbehörden . 12

IV. Titel.
Von den Pflichten der Academiker in Ansehung ihrer Studien . . . 14

V. Titel.
Von den besonderen Disciplinar-, Polizei- und peinlichen Gesetzen für die Academiker 16

VI. Titel.
Von den academischen Strafarten 28

VII. Titel.
Von der Verfahrungsart in academischen Polizei- und Disciplinarsachen 31

VIII. Titel.
Von den Schulden des Academikers 35

IX. Titel.
Von der Benutzung der Universitätsbibliothek 38
Beilage I. Formular des nach §. 8 aufzunehmenden Protocolls . . . 42
Der Abschrift des Protocolls beizusetzende Bescheinigungsformel . . . 42
Revers. Beilage II. zu §. 18 43

Die Regelung des Vereinswesens unter den Studirenden betreffend.

———

Zur Regelung des Vereins- und Verbindungswesens unter den Studirenden sieht man sich veranlaßt, nachträglich zu den acabemischen Gesetzen und als weitere Ausführung und Vervollständigung und beziehungsweise Abänderung der besfalls in denselben enthaltenen Vorschriften folgende Bestimmungen zu erlassen.

§. 1.

Zu allen Vereinen und Verbindungen von Studirenden, worin auch immer ihr Zweck bestehe, ist die vorgängige ausdrückliche Genehmigung des engeren Senates der Universität erforderlich.

§. 2.

Es kann den genehmigten Vereinen und Verbindungen gestattet werden, besondere Abzeichen zu tragen.

§. 3.

Diejenigen, welche einen Verein oder eine Verbindung gründen wollen, haben zugleich mit dem Gesuch um Genehmigung dem Senat über die Benennung, Abzeichen, Einrichtung, Mittel und Zweck der Vereinigung Ausweis zu geben, die Statuten oder Satzungen und ein Verzeichniß der Theilnehmer vorzulegen, die Vorstände so wie den Ort der Versammlung zu bezeichnen, sofort in der Folge von jeder in einer und der andern Beziehung eintretenden Aenderung Anzeige zu machen, beziehungsweise zur Veränderung der Statuten oder Satzungen Genehmigung einzuholen.

§. 4.

In den Statuten und Satzungen, so wie in den Bestrebungen der Vereine und Verbindungen darf nichts zugelassen werden, was der Sittlichkeit, den academischen Disciplinarvorschriften oder den allgemeinen Staatsgesetzen und Verordnungen und dem Zwecke des Universitätslebens zuwiderläuft; insbesondere darf:

1) der Vereinigung nicht die Ausdehnung gegeben werden, daß die Gesammtheit der Mitglieder die Sache des Einzelnen zu ihrer eigenen macht;
2) die Vereinigung sich keinerlei Zwangs bedienen, um Andere zum Beitritt oder zur Anerkennung ihrer Grundsätze zu bewegen, namentlich darf keine Bestimmung getroffen werden, welche zu Verrufserklärungen oder deren Anerkennung Veranlassung geben könnte;
3) in den Statuten oder Satzungen des Vereins oder der Verbindung keine Bestimmung aufgenommen werden, welche das Duell für erlaubt oder in irgend einem Falle für nothwendig erklärt.

§. 5.

Die Vorstände der Vereine und Verbindungen können für das Verhalten derselben zur Verantwortung gezogen werden.

§. 6.

Die zu einem Verein oder einer Verbindung ertheilte Genehmigung kann von dem engeren Senate oder der höheren

Behörde zu jeder Zeit ohne Angabe der Gründe, und soll zurückgenommen werden, sobald der Verein oder die Verbindung die ursprünglich angegebenen Zwecke und Richtung in nachtheiliger Weise verläßt, mit den Grundlagen der academischen Gesetze in Widerspruch tritt, und überhaupt ausartet.

Insbesondere soll zu der Auflösung und Unterdrückung einer solchen Vereinigung sofort geschritten werden, wenn dieselbe in ihrer Gesammtheit oder in einer Anzahl ihrer Glieder, ohne daß sie diese ausstößt, einem ordnungswidrigen excessiven Treiben sich hingibt, wenn sie sich durch rohes, unsittliches Betragen, durch Vernachlässigung des Kollegienbesuches oder durch allgemeinen Unfleiß, durch Schuldenmachen, durch übermäßiges Trinken bemerklich macht, zur Quelle von Reibungen und Zerwürfnissen unter den Studirenden wird, oder sich die Pflege des Duells zur Aufgabe nimmt.

§. 7.

Alle nicht vom Senat genehmigten Vereine und Verbindungen sind verboten, und werden nach §. 48 burschenschaftliche oder auf politische Zwecke unter irgend einem Namen gerichtete unerlaubte Verbindungen insbesondere nach §. 49 der academischen Gesetze behandelt und bestraft.

§. 8.

Ohne Genehmigung des engeren Senates darf kein Verein von Studirenden mit anderen Vereinen, sei es auf derselben oder auf anderen Universitäten zu gemeinsamen Zwecken und in der Art in Verbindung treten, daß entweder der Eine den Beschlüssen und Anordnungen der Anderen unterworfen, oder mehrere solche Vereine unter einem gemeinsamen Organe zu einem gegliederten Ganzen vereinigt werden.

§. 9.

Allgemeine Studentenversammlungen dürfen nur auf Veranlassung oder mit Bewilligung des academischen Direktoriums stattfinden.

Die Leiter solcher Versammlungen können für das Verhalten derselben zur Verantwortung gezogen werden.

§. 10.

Uebertretungen der vorstehenden Bestimmungen sind vorbehaltlich der in Bezug auf das Vereinswesen sowohl in dem Vereinsgesetze vom 14. Februar 1851, wie in den academischen Gesetzen enthaltenen besonderen Strafen — mit Verweis, Geldstrafen, Carcer bis zur Wegweisung von der Universität in den verschiedenen Graden zu ahnden.

Hunde-Polizei-Verordnung.

Das am 1. Oktober d. J. in Kraft tretende Polizeistrafgesetzbuch ändert in verschiedenen Beziehungen die seitherigen Bestimmungen über Hundepolizei ab, weßhalb wir den Herren Akademikern, unter Aufhebung der diesseitigen Verordnung vom 1. Februar 1838, die von jenem Tage an gültigen Vorschriften zur Nachachtung verkünden:

§. 1.

Jeder Besitzer eines Hundes muß jährlich eine Taxe von 4 fl. und der Besitzer einer Hündin eine solche von 2 fl. bezahlen. Wer den Hund nicht als Eigenthümer besitzt hat den Rückgriff auf den Eigenthümer.

§. 2.

Frei von der Taxe sind nur die Besitzer solcher Hunde und Hündinnen, welche noch nicht sechs Wochen alt sind.

§. 3.

Es bestehen jährlich zwei Hundsmusterungen und zwar eine Hauptmusterung im Juni, und eine Nachmusterung im Januar.

§. 4.

Die Anberaumung der Musterungen wird jeweils in den öffentlichen Blättern und für die Studierenden auch an dem schwarzen Brette veröffentlicht.

2.

§. 5.

Bei der Hauptmusterung sind alle sechs Wochen alte Hunde vorzuführen.

Die Nachmusterung hat lediglich den Zweck, die bei der letzten Hauptmusterung als noch zu jung nicht vorgeführten oder seither angeschafften Hunde der Taxe zu unterwerfen.

§. 6.

Der Besitzer eines Hundes oder einer Hündin, der dieselben bei der verkündeten (von Großhgl. Bez.-Amt dahier vorzunehmenden) Haupt- oder Nachmusterung vorzuführen unterläßt, verfällt in eine Strafe von acht, beziehungsweise vier Gulden, und hat noch außerdem die Taxe nachzuzahlen, sowie jene Kosten zu tragen, welche durch die nöthige Nachmusterung seines Hundes erwachsen.

§. 7.

Wer in Ansehung ihm gehöriger Hunde, welche Schaden verursachen können, oder besondere bösartige Eigenschaften haben, die zur Verhütung von Beschädigungen von Personen oder fremden Sachen besonders verordneten oder sonst erforderlichen Vorsichtsmaßregeln nicht anwendet, wird an Geld bis zu 25 fl. bestraft.

Wer unter Umständen, unter welchen Personen oder fremdes Eigenthum beschädigt werden kann, Hunde geflissentlich reizt, verwirkt Geldstrafen bis zu 50 fl. oder Gefängniß bis zu 14 Tagen.

§. 8.

An Geld bis zu 50 fl. oder mit Gefängniß bis zu 14 Tagen wird bestraft:

    1) wer Fanghunde auf Menschen abrichtet,

    2) wer Hunde, die auf Menschen abgerichtet sind, hält,

3) wer Hunde auf Menschen hetzt oder wer als Besitzer dieselben von Angriffen auf Menschen nicht zurückhält.

Hunde von der unter 1 und 2 genannten Art und andere bissige Hunde sind sofort zu tödten.

Eine Geldstrafe bis zu 5 fl. verwirkt, wer gegen Bezirks- oder ortspolizeiliches Verbot einen Hund ohne wohlbefestigten Maulkorb herumlaufen läßt.

§. 9.

Wer Hunde wider ortspolizeiliches Verbot an öffentliche Orte mitbringt und wer Hunde während der Nachtzeit auf der Straße herumlaufen läßt, wird an Geld bis zu 10 fl. bestraft.

§. 10.

An Geld bis zu 10 fl. werden diejenigen gestraft, welche läufige Hündinnen nicht gehörig verwahren.

§. 11.

An Geld bis zu 25 fl. wird gestraft, wer, nachdem er von einer ansteckenden Krankheit an einem ihm zugehörigen oder seiner Hut anvertrauten Hunde Kenntniß erhalten, nicht sofort das Thier abgesondert hält, und die durch Verordnung vorgeschriebene Anzeige macht.

Erscheinen an einem Hunde Kennzeichen der Wuth, so muß derselbe sogleich eingesperrt oder getödtet werden, widrigenfalls die Eingangs bestimmte Strafe einzutreten hat.

§. 12.

Nichtbeachtung der Verordnungen, welche gegen den Ausbruch oder die Verbreitung der Wuthkrankheiten unter den Hunden erlassen sind, oder der Bezirks- oder ortspolizeilichen Anordnungen, welche anläßlich einzelner Fälle von Wuthkrankheit oder Wuthverdacht getroffen und öffentlich bekannt gemacht oder den Hundebesitzern besonders eröffnet worden sind, wird an Geld bis zu 50 fl. oder mit Gefängniß bis zu 14 Tagen bestraft.

§. 13.

An Geld bis zu 5 fl. wird bestraft, wer seinen Hund im Feld oder Wald jagen läßt, ohne daselbst jagdberechtigt zu sein.

§. 14.

Wer durch rohe Mißhandlung von Hunden öffentliches Aergerniß erregt, wird an Geld bis zu 25 fl. und an Gefängniß bis zu acht Tagen bestraft.

Heidelberg den 29. Juli 1864.

Engerer akademischer Senat.

Die Benutzung der Universitäts-Bibliothek betr.

1) Die Studirenden, welche die Universitätsbibliothek zu benutzen wünschen, haben sich deßhalb auf dem Universitätsamte zu melden und den dort auszustellenden „Legitimationsschein zur Benutzung der Universitätsbibliothek", welcher jedesmal für das laufende Semester gilt, in Person auf der Expedition der Bibliothek abzugeben.

2) Die Werke, welche sie zu erhalten wünschen, sind zum Voraus durch einen Meldezettel anzuzeigen, welcher in den innerhalb der Hausthüre des Bibliotheksgebäudes angebrachten Kasten bis 9 Uhr Morgens einzuwerfen ist, wenn sie das Werk noch an demselben Tage abholen wollen; spätere Anmeldungen können erst am folgenden Tage berücksichtigt werden.

3) Der Besteller hat das Werk in Person (nicht durch Dienstboten) oder, im Verhinderungsfalle, wenigstens durch einen seiner Commilitonen in der Bibliothek in Empfang zu nehmen, und ebenso später wieder zurückzugeben.

4) Für Werke, welche nicht bloß im Lesezimmer benutzt, sondern dem Besteller nach Hause verabfolgt werden sollen, hat dieser für jedes Werk einen besonderen, mit seiner Unterschrift und dem Datum des Empfanges versehenen Empfangschein von der Größe eines gewöhnlichen Octavblattes auszustellen, worauf der Titel des Werkes, nebst Druckort und Jahrzahl wo und wann dieses erschienen, und, sofern es aus mehreren Bänden besteht, die einzelnen Bände mit ihren etwaigen Unterabtheilungen genau anzugeben sind. Die besondere Unterschrift eines Professors auf diesem Empfangscheine, welche nach §. 95 „der Academischen Gesetze" erfordert ward, fällt damit weg, sowie auch der nach der früheren Bestimmung von einem Professor auszustellende Bürgschaftsschein.

5) Wer ein Werk für einen seiner Commilitonen abholt, hat einen zum Mindesten von diesem selbst unterschriebenen Empfangsschein beizubringen, und bei Empfangnahme des Buchs dessen Titel und alles Uebrige, was dieser Schein nach Maßgabe der Nr. 4 enthalten soll, auf demselben auszufüllen.

6) Der Studirende erhält gleichzeitig nur ein Werk, oder zwei Bände verschiedener Werke; wer mehrere Werke oder Bände zu gleicher Zeit zu erhalten wünscht, hat neben dem obengedachten Legitimationsscheine noch ein Zeugniß von dem Decane seiner Facultät beizubringen, daß er mit Ausarbeitung einer Inauguraldissertation oder anderen wissenschaftlichen Abhandlung beschäftigt sei." Hierdurch erledigt sich der §. 96 der „Academischen Gesetze."